AF562634

# OBSERVATIONS

Sur le Projet de Loi relatif

# AU TIMBRE DES POLICES

## D'ASSURANCES

# OBSERVATIONS

Sur le Projet de Loi relatif

# AU TIMBRE DES POLICES

## D'ASSURANCES

# OBSERVATIONS

Sur le Projet de Loi relatif

# AU TIMBRE DES POLICES



## D'ASSURANCES

---

La Chambre des Députés est saisie d'un projet de loi relatif au droit de timbre sur les polices d'assurances.

Ce projet a été présenté par le Gouvernement dans la séance du 27 Novembre 1879.

Il est ainsi conçu :

« Article unique.

« Le droit de timbre établi par les lois en vigueur « sur les contrats d'assurances, ainsi que sur tous les « actes ayant exclusivement pour objet la formation, la « modification ou la réalisation amiables des contrats, « sera acquitté par les Sociétés, Compagnies d'assu- « rances et tous autres assureurs contre l'incendie et

« sur la vie, selon le mode réglé par l'article 37 de la « loi du 5 Juin 1850.

« La taxe annuelle est fixée, décimes compris, à « quatre centimes (0 fr. 04 c.), par mille francs du total « des sommes assurées contre l'incendie, pour les assu « rances à primes, et à trois centimes (0 fr. 03 c.) pour « les assurances mutuelles.

« A défaut du paiement du droit, dans le délai déter- « miné par le dernier paragraphe de l'article 37 précité, « l'amende établie par l'article 10 de la loi du 23 Juin « 1857 est exigible.

« Un règlement d'administration publique déter- « minera, s'il y a lieu, les mesures nécessaires pour « assurer l'exécution de la présente loi. Toute con- « travention aux dispositions de ce règlement sera « passible de l'amende établie par le paragraphe pré- « cédent. »

Aux termes des lois générales sur le timbre, tous actes constatant des engagements et conventions doivent être écrits sur du papier timbré.

En ce qui concerne les actes relatifs aux contrats d'assurance, la loi du 5 Juin 1850 a édicté des dispositions qui assujettissent au timbre de dimension les contrats d'assurance et les avenants contenant, soit prolongation de l'assurance, soit augmentation de la prime ou du capital assuré.

L'article 33 de cette loi s'exprime ainsi :

ART. 33.

« A compter du 1er Août 1850, tout contrat d'assu-
« rance, ainsi que toute convention postérieure conte-
« nant prolongation de l'assurance, augmentation dans
« la prime ou le capital assuré, sera rédigé sur papier
« d'un timbre de dimension, sous peine de 50 francs
« d'amende contre l'assureur, sans aucun recours contre
« l'assuré.

« Lorsque la police contiendra une clause de tacite
« reconduction, elle sera en outre soumise au visa pour
« timbre dans le délai de cinq jours de sa date, sous la
« même peine de 50 francs d'amende contre l'assureur.
« Le droit de visa sera le même que celui du timbre
« employé par l'acte. »

La même loi du 5 Juin 1850 a autorisé les Compagnies à s'affranchir de l'obligation d'employer pour tous leurs actes du papier de dimension, en contractant des abonnements avec l'Administration du timbre.

L'article 37 de cette loi contient les dispositions suivantes :

ART. 37.

« Les Sociétés, Compagnies d'Assurances et tous
« assureurs contre l'incendie et contre la grêle pour-

« ront s'affranchir des obligations imposées par l'ar-
« ticle 33, en contractant avec l'État, un abonnement
« annuel, à raison de deux centimes par mille francs du
« total des sommes assurées, d'après les polices ou
« contrats en cours d'exécution.

« Les Caisses départementales administrées gratuite-
« ment, ayant pour but d'indemniser ou de secourir les
« incendies au moyen de collectes, pourront aussi
« s'affranchir des mêmes obligations, en contractant avec
« l'État un abonnement annuel de 1 °/₀ du total des col-
« lectes de l'année.

« Les Compagnies et tous assureurs sur la vie
« pourront également s'affranchir de l'obligation imposée
« par l'article 33, en contractant avec l'État un abonne-
« ment annuel de deux francs pour mille du total des
« versements faits chaque année aux Compagnies ou aux
« assureurs.

« L'abonnement de l'année courante se calculera
« sur le chiffre total des opérations de l'année précé-
« dente.

« Le paiement du droit sera fait par moitié et par
« semestre, au bureau de l'enregistrement du lieu où se
« trouve le siége de l'établissement. »

D'après la loi de 1850, l'abonnement était facultatif pour les Compagnies ; et, même, il leur était loisible, après en avoir usé pendant un certain temps, de déclarer qu'elles n'en voulaient plus profiter. — L'article 38 de cette loi s'exprime ainsi :

ART. 38.

« Les Sociétés, Compagnies ou assureurs qui, après « avoir contracté un abonnement, voudront y renoncer, « seront tenus de payer un droit de 35 centimes par « chaque police en cours d'exécution, quelle que soit la « dimension du papier et du nombre de doubles. »

Le projet de loi présenté par le Gouvernement propose de modifier la loi de 1850 sur trois points :

1° Il voudrait rendre l'abonnement obligatoire ;

2° Il élèverait le taux de la taxe annuelle d'abonnement ;

3° Il établirait, pour la perception de la taxe d'abonnement, une inégalité entre les Compagnies d'assurances mutuelles et les Compagnies à primes fixes, de manière à faire payer par ces dernières une taxe plus élevée que celle qui serait exigée des Compagnies mutuelles.

---

L'exposé des motifs explique pourquoi le Gouvernement propose de rendre l'abonnement obligatoire.

Presque aussitôt après la promulgation de la loi du 5 juin 1850, toutes les Compagnies à primes fixes ont usé de la faculté de contracter des abonnements.

Plusieurs Compagnies mutuelles ont aussi profité de cette faculté. Mais, parmi ces dernières Compagnies, il s'en est rencontré qui ont préféré employer du papier timbré de dimension, en cherchant à diminuer autant que possible les formules de rédaction de leurs actes, afin d'employer très-peu de papier timbré.

Grâce aux économies qu'elles sont arrivées à faire sur le papier timbré, ces Compagnies se trouvent avoir à payer moins d'impôt que les Compagnies abonnées. Par exemple, une Compagnie mutuelle non abonnée, qui emploie du papier timbré de dimension, lorsqu'elle est assureur de valeurs représentant une somme de dix millions, paye moins à l'État qu'une Compagnie, qui a contracté un abonnement et qui est également assureur de valeurs représentant la même somme de dix millions.

Il est résulté de cette situation une inégalité dans les conditions de la concurrence entre les Compagnies.

Les Compagnies abonnées, payant un impôt plus élevé, se sont demandé s'il n'y aurait pas avantage pour elles à renoncer à l'abonnement, et à user de la faculté, que leur donne l'article 38 de la loi du 5 juin 1850, d'en revenir à l'emploi du papier de dimension.

Plusieurs Compagnies avaient pris la résolution de renoncer à l'abonnement.

Connaissant les dispositions de ces Compagnies,

l'Administration a songé à rendre l'abonnement obligatoire.

Le projet de loi, qui vient d'être déposé à la Chambre des Députés, enlève aux Compagnies d'assurances contre l'incendie et sur la vie le droit de se servir du papier timbré de dimension. Il dispose qu'à l'avenir le droit de timbre sur les contrats d'assurances de ces Compagnies devrait être calculé d'après le mode établi par la loi du 5 juin 1850 pour les abonnements.

Il n'y aurait donc plus de timbre de dimension pour les Compagnies d'assurances contre l'incendie et sur la vie. Toutes, quel que fût le genre de leur constitution, qu'elles fussent mutuelles ou à primes fixes, seraient obligées, pour tenir lieu à l'État du droit de timbre, de payer une taxe annuelle calculée sur le total des sommes assurées.

D'après les lois maintenant en vigueur, et par suite des augmentations du droit principal et des décimes, la taxe annuelle pour les Compagnies abonnées est de 3 c[es], 60 pour mille des sommes assurées.

Le projet de loi propose de porter cette taxe en nombre rond à 4 centimes pour mille pour certaines Compagnies, et de le réduire à 3 centimes pour mille pour certaines autres.

---

Il y aurait bien des choses à dire sur le principe de l'abonnement obligatoire,

Et aussi sur l'élévation du droit.

Mais on ne veut ici élever aucune contestation sur ces deux points. On se bornera à traiter la question de l'égalité des contribuables devant l'impôt.

---

Le projet de loi propose, pour les assurances contre l'incendie, de décider que la taxe annuelle sera, pour les Compagnies à primes fixes, de 4 centimes pour mille francs de valeurs assurées, et pour les Compagnies mutuelles, de 3 centimes pour mille francs.

Pourquoi établir, en ce qui concerne la perception d'un impôt, une différence entre les diverses Compagnies?

Existe-t-il un motif pour rompre ainsi l'égalité entre elles ?

Quelle raison invoque-t-on pour justifier la mesure proposée?

L'exposé des motifs du projet de loi dit que :

« Les Compagnies mutuelles ne garantissent pas, en
« général, des risques aussi étendus que les assureurs
« à primes, et que, par conséquent, leurs cotisations
« correspondent à des capitaux supérieurs aux capitaux
« assurés par des primes égales. »

En disant que les cotisations des Compagnies mutuelles correspondent à des capitaux supérieurs aux capitaux assurés par les Compagnies à primes à égalité de perception, l'exposé des motifs s'inspire de cette idée que les Compagnies mutuelles demandent aux assurés des cotisations proportionnellement moins élevées que les primes stipulées par les Compagnies à primes fixes.

L'exposé des motifs raisonne évidemment d'après les moyennes. Pour être exact et vrai en cette matière, il faut remarquer que les Compagnies mutuelles restreignent en général les risques qu'elles acceptent. Elles n'assurent pas les risques industriels. Ce sont les dangers plus considérables d'incendie, auxquels ces risques exposent les assureurs, qui obligent les Compagnies à primes, qui les assurent, à fixer des primes plus élevées que pour les risques ordinaires. Si on fait la moyenne de ce que les Compagnies à primes fixes demandent aux assurés, en y comprenant les risques industriels, on peut trouver pour elles une moyenne plus élevée que pour les Compagnies mutuelles. Mais si, pour faire les moyennes, on éliminait les risques industriels et si on ne prenait que les risques ordinaires, on ne trouverait pas de différence sensible entre les moyennes des Compagnies à primes et celles des Compagnies mutuelles.

Il ne serait pas exact alors de dire, comme le fait l'exposé des motifs, que les cotisations des Compagnies mutuelles correspondent à des capitaux supérieurs aux capitaux assurés par des primes égales chez les Compagnies à primes fixes.

De plus, il faut remarquer que les cotisations, demandées en cours d'exercice à leurs assurés par ces Compagnies ne constituent pas le seul élément qui puisse être comparé aux primes. Car, pour les Compagnies mutuelles, il se fait une répartition en fin d'exercice ; et, outre la cotisation primitivement payée, les assurés, d'après l'importance des sinistres, peuvent avoir à verser des sommes supplémentaires jusqu'à épuisement du maximum prévu aux statuts. Et cela parce que les assurés des Compagnies mutuelles sont réciproquêment assureurs les uns vis-à-vis des autres. La conséquence de cette situation est que, si le maximum a été épuisé, les sinistrés ne reçoivent qu'une partie des sommes pour lesquelles ils étaient assurés.

Sous les réserves qui résultent de ces observations, il faut prendre le raisonnement de l'exposé des motifs tel qu'il est présenté par le Gouvernement.

L'exposé des motifs part de cette idée que, si une Compagnie mutuelle assure pour dix millions de valeurs, elle perçoit des cotisations qui sont inférieures aux primes que se fait payer une Compagnie à primes qui assure dix millions.

Ainsi, ce serait parce que les Compagnies mutuelles sont supposées toucher de leurs assurés moins que les

Compagnies à primes, que le projet de loi trouverait rationnel de faire payer l'impôt du timbre moins cher aux premières qu'aux secondes de ces Compagnies.

Ce serait donc d'après les perceptions présumées des Compagnies d'assurances que la taxe annuelle de l'impôt du timbre serait établie en ce qui les concerne.

Est-il juste et équitable de procéder ainsi en matière d'impôt, et surtout lorsqu'il s'agit de l'impôt du timbre?

En matière d'impôt, la règle primordiale de notre droit public qui domine toutes les autres considérations, c'est que les contribuables doivent être placés dans une situation d'égalité parfaite.

Les Compagnies, constituant des personnes civiles, sont des contribuables. Ne pas les traiter toutes de la même manière, c'est rompre entre elles l'égalité.

L'exposé des motifs du projet de loi cite un exemple qui démontre dans quelle proportion cette égalité serait rompue.

« Si, dit-il, on applique ces deux taxes (celle de « 4 centimes pour mille et celle de 3 centimes pour « mille) à une police sur un capital immobilier de « 500,000 francs, assuré pour six ans moyennant une « prime de 10 centimes par mille francs, on trouve que « le contrat passé avec une Compagnie mutuelle don- « nera lieu au payement de 390 francs, tandis que le

« payement sera de 420 francs avec une Compagnie à « primes. »

L'exposé des motifs ajoute :

« L'égalité est donc aussi complète que le permet la « nature différente des Sociétés et de leurs opéra- « tions. »

Comment! sur une somme d'environ 400 francs, faire payer à un contribuable 30 francs de plus qu'à un autre, c'est maintenir l'égalité entre eux !

L'exposé des motifs a raisonné sur 500,000 francs de valeurs assurées. Pour un million la différence serait de 60 francs.

Si l'on songe que c'est par milliards que se chiffre le montant des valeurs assurées aujourd'hui en France, on peut se rendre compte de la façon dont se multiplierait l'inégalité qui serait établie par le projet de loi.

Les Compagnies mutuelles, payant un impôt du timbre moindre que les Compagnies à primes fixes, pourraient abaisser le taux des cotisations à recouvrer sur leurs assurés. Cet abaissement exercerait certainement une influence sérieuse sur les conditions de la concurrence qui existe entre elles et les Compagnies à primes.

La loi doit-elle édicter des dispositions qui peuvent favoriser une certaine catégorie de contribuables au détriment des autres?

La loi du 23 août 1871, relative à l'enregistrement des contrats d'assurances, n'a pas procédé ainsi. Elle a maintenu l'égalité entre les Compagnies mutuelles et les Compagnies à primes. En effet, son article 6, § 2, a établi un droit uniforme de 8 centimes pour cent, aussi bien sur les cotisations perçues par les Compagnies mutuelles que sur les primes perçues par les Compagnies à primes fixes.

C'est ainsi que doit toujours procéder le législateur.

Lorsqu'il s'agit de l'établissement d'un impôt frappant sur une industrie quelconque, la loi ne doit pas faire varier le taux de l'impôt, suivant que tel industriel fera ses affaires de telle ou telle manière.

Admettrait-on, par exemple, que la loi pût faire varier le taux de l'impôt du timbre sur les factures, selon la manière de faire les affaires adoptée par tel ou tel négociant? — Prenons, pour exemple, l'industrie des tailleurs d'habits. Il y en a qui font les vêtements sur mesure et les vendent cher. Il y en a d'autres qui vendent des vêtements confectionnés à l'avance, et qui les donnent à bon marché. Appliquant à cette industrie le raisonnement du projet de loi, on pourrait dire que les bénéfices des magasins de confections étant moindres, sur chaque article, que ceux des tailleurs qui travaillent sur mesure, correspondent à des capitaux supérieurs à ceux qui sont engagés par ces derniers. Supposons qu'après avoir fait cette réflexion, on propose de décider que l'impôt du timbre sur les factures serait réduit d'un quart pour les confectionneurs; qu'il ne serait pour eux que de 7 centimes et demi, et qu'il serait maintenu à 10 centimes pour les autres tailleurs. Tout le monde se récrierait et condamnerait une proposition de ce genre. On lui reprocherait d'être contraire à l'égalité des contribuables devant l'impôt.

S'il entrait dans cette voie arbitraire, le législateur ne saurait plus où et comment s'arrêter. Il serait en butte aux sollicitations de tous les commerces et de toutes les industries, qui demanderaient que l'impôt fût abaissé, en ce qui les concernerait. Chaque négociant prétendrait obtenir une réduction de l'impôt du timbre. Le commerce de détail soutiendrait qu'il gagne moins que le commerce de gros, et il demanderait que les droits de timbre fussent abaissés en sa faveur; ou réciproquement.

L'impôt du timbre doit être uniforme pour tout le monde. Ce point est incontestable pour le timbre de dimension. Mais cela doit être également vrai pour les actes qui doivent être rédigés sur timbre proportionnel. Ainsi un petit commerçant souscrit un effet de 1,000 francs ; il devra employer le même papier, portant le même timbre proportionnel, que le plus gros banquier, lorsqu'il souscrit un effet de la même somme de 1,000 francs.

---

L'exposé des motifs parle de la nature différente des Compagnies d'assurances et de leurs opérations.

Quelle influence la nature différente des Compagnies peut-elle exercer sur l'impôt du timbre ? — Elles souscrivent les unes et les autres des contrats d'assurance. Qu'importe leurs statuts intérieurs, sous le rapport de la nature de ces contrats. Elles s'engagent, les unes et les autres, en cas de sinistre à indemniser les assurés, avec cette différence, il est vrai, que les Compagnies à primes s'engagent à payer toutes les sommes assurées, tandis que les Compagnies mutuelles ne sont tenues à payer que d'après la répartition de fin d'année et jusqu'à épuisement du maximum. Mais enfin, sauf cette différence dans l'exécution des contrats, différence qui résulte de la constitution des Compagnies, les unes et les autres font des contrats d'assurance.

Si l'abonnement n'existait pas, les contrats d'assurance, quelle que fût la nature de la Compagnie, devraient être écrits sur du papier de dimension.

Il ne serait venu à l'idée de personne de dire que les Compagnies mutuelles ne payeraient le papier que

45 centimes, tandis que les Compagnies à primes le payeraient 60 centimes.

Si jamais une telle proposition eût été faite, on aurait répondu qu'en matière de timbre on ne doit considérer que la nature de l'acte et non point la qualité, la personnalité des individus qui contractent ensemble.

L'abonnement remplace l'emploi du timbre de dimension. Pourquoi, en matière d'abonnement, voudrait-on appliquer d'autres règles que celles qui régissent l'impôt du timbre en général?

Il est parlé, dans l'exposé des motifs, de la différence de la nature des opérations des Compagnies. D'après ce qui vient d'être dit, il n'y a aucune différence dans leurs opérations. En effet, leurs opérations sont toujours et ne peuvent être que des contrats d'assurances. Ce sont là les contrats qu'elles font avec les tiers.

Peu importe leur organisation intérieure, leur mode de comptabilité, le système de réparation des pertes qu'elles ont adopté, elles font des assurances aussi bien les unes que les autres. Le législateur ne doit envisager que la nature des actes qu'elles passent et ne pas se préoccuper de la constitution particulière de chaque Société.

Que penserait-on d'un projet de loi qui différencierait le taux du timbre pour les Sociétés industrielles et commerciales, suivant qu'elles seraient anonymes ou en commandite! Admettrait-on que la loi frappât les récépissés ou lettres de voitures des grandes Compagnies de chemin de fer d'un droit de timbre plus élevé que les mêmes pièces des Compagnies de chemins de fer d'intérêt local?

Certainement, toutes distinctions de ce genre seraient condamnées et repoussées par les Chambres législatives comme contraires à l'égalité des contribuables devant l'impôt.

Pourquoi, lorsqu'il s'agit de Compagnies d'assurances, méconnaîtrait-on les principes fondamentaux de la matière des impôts?

L'exposé des motifs parle de la prospérité inouïe qu'ont atteinte les Compagnies d'assurances à primes fixes. Cela peut être vrai pour certaines Compagnies, mais cela ne l'est pas pour toutes. Le législateur ne doit pas considérer que les Compagnies qui ont réussi; il doit savoir qu'il y en a qui ont péri, et d'autres qui se sont trouvées avoir à franchir des périodes très-périlleuses pour leur existence.

Sans tenir compte de ces considérations, le Gouvernement n'envisage que la prospérité de certaines Compagnies à primes fixes, et c'est à raison de cette prospérité qu'il voudrait les frapper d'un impôt plus fort que les Compagnies mutuelles.

Depuis quand a-t-on vu qu'en matière d'impôts frappant sur des industries, la loi pouvait varier le taux des taxes, selon que tel ou tel industriel serait présumé faire plus de bénéfices que tel ou tel autre, et avoir une situation très-prospère ?

Ce serait la première fois qu'une loi fiscale différencierait les taxes, selon le degré de prospérité présumé des contribuables.

---

Il ne faut pas perdre de vue comment la question de l'abonnement obligatoire a pris naissance.

Dans ces derniers temps, l'Administration du Timbre avait élevé vis-à-vis des Compagnies abonnées certaines prétentions, dont la conséquence eût été, en entraînant pour elles un surcroît de charges, de les constituer en état d'inégalité vis-à-vis des Compagnies non abonnées. L'Administration soutenait que l'abonnement ne s'appliquait pas à tous les actes des Compagnies abonnées et que ces Compagnies, pour certains actes, devaient employer du papier de dimension. Ainsi, ces Compagnies auraient d'abord payé l'abonnement et ensuite elles auraient encore été obligées de payer le timbre du papier de dimension pour les actes que l'Administration voulait considérer comme étant en dehors de l'abonnement.

Les Compagnies non abonnées, au contraire, n'auraient eu à supporter aucun surcroît de charges. En effet, la situation n'aurait pas changé pour elles, puisqu'elles ont toujours dû faire tous leurs actes sur du papier de dimension.

Les Compagnies à primes fixes, abonnées, trouvèrent que cette disproportion dans le paiement de l'impôt constituerait, pour les Compagnies non abonnées, un avantage qui, sous le rapport de la concurrence, permettrait à ces dernières de faire des contrats d'assurances à des taux moins élevés. Pour égaliser leur situation, les Compagnies abonnées pensèrent à renoncer à l'abonnement.

Que propose le projet de loi ? — De faire intervenir le législateur pour maintenir la situation d'inégalité d'où voulaient sortir les Compagnies abonnées.

De sorte que ce serait législativement que l'inégalité serait consacrée entre les Compagnies concurrentes.

Il y a mieux.

Le projet aggraverait la situation actuelle.

En effet, aujourd'hui, les Compagnies mutuelles les plus importantes sont abonnées, comme les Compagnies à primes. Elles payent donc le même impôt. Ce sont, en général, les Compagnies mutuelles de second ordre qui ne sont pas abonnées. Or, le projet de loi, en mettant le droit à 3 centimes pour mille pour toutes les Compagnies mutuelles indistinctement, donnerait à celles de ces Compagnies abonnées aujourd'hui un avantage qu'elles n'ont pas avec la loi de 1850. Aujourd'hui, en effet, les Compagnies mutuelles abonnées payent le même droit que les Compagnies à primes abonnées. D'après le projet de loi, elles profiteraient de la réduction.

En réalité, le projet de loi aggraverait la situation actuelle et consacrerait entre les contribuables une inégalité à laquelle il ne leur serait plus permis de se soustraire.

Il sera donc repoussé par les Chambres législatives.

D.-Ch. DUVERDY,

AVOCAT A LA COUR D'APPEL,

Docteur en Droit.

3233 — Imp. Ve Éthiou-Pérou, rue Damiette, 2 et 4.

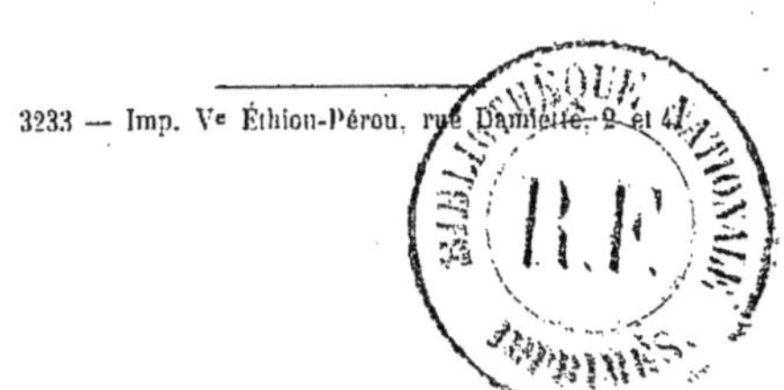

www.ingramcontent.com/pod-product-compliance
Lightning Source LLC
LaVergne TN
LVHW010251230826
846091LV00007B/2917